Pater Karl Wallner
Miteinander leben – Miteinander reden
Von der Kunst der richtigen Kritik

Pater Karl Wallner

Miteinander Miteinander
leben reden

Von der Kunst
der richtigen
Kritik

benno

Bibliografische Information der Deutschen Nationalbibliothek
Die Deutsche Nationalbibliothek verzeichnet diese
Publikation in der Deutschen Nationalbibliografie;
detaillierte bibliografische Daten sind im Internet unter
http://dnb.d-nb.de abrufbar.

Besuchen Sie uns im Internet:
www.st-benno.de

Gern informieren wir Sie unverbindlich und aktuell
auch in unserem Newsletter zum Verlagsprogramm,
zu Neuerscheinungen und Aktionen.
Einfach anmelden unter www.st-benno.de.

ISBN 978-3-7462-4682-6

© St. Benno Verlag GmbH, Leipzig
Umschlaggestaltung: Britta Rungwerth, Düsseldorf
Gesamtherstellung: Kontext, Lemsel (A)

Inhaltsverzeichnis

Miteinander reden –
im Auftrag des Herrn 6

Miteinander reden –
wer mit wem? 12

Miteinander reden –
mit einem Blick in die Heilige Schrift 20

Miteinander leben –
mit Herz und Verstand 34

Miteinander leben –
als Zeugen der Barmherzigkeit 58

Miteinander leben –
eine Einladung an uns 64

Miteinander reden –

im Auftrag des Herrn

Selig, die ein reines Herz haben;
denn sie werden Gott schauen.

Mt 5,8

Die brüderliche Zurechtweisung –
eine christliche Tugend

Vor vielen Jahren war ich in einem großen Baumarkt einkaufen. Ich hatte natürlich wie immer das Ordensgewand an. Nachdem ich die eingekauften Sachen im Kofferraum verstaut hatte, schob ich den Einkaufswagen an die Seite und wollte schon ins Auto steigen. Da rief mir eine Frau – nicht unbedingt freundlich – zu: „Hören Sie, der Wagen gehört dort nicht hin. Dafür gibt es gleich dort drüben eigene Abstellplätze." Als erstes überkam mich großer Ärger. Zum einen hatte ich es eilig. Zum anderen gibt es bei diesem Baumarkt eigene Angestellte, die die verstreuten Einkaufswagen wieder einsammelten. Und schließlich ärgerte es mich auch, dass die Frau vor mir als Priester so gar keinen Respekt zeigte. Aber natürlich habe ich freundlich genickt und den Wagen anstandslos einige Meter weit zu einer Sammelstelle geschoben.

Die Zurechtweisung beschäftigte mich auf der Fahrt nach Hause. Wie konnte sie …! Auf der Heimfahrt hatte ich den Ärger über die Ermahnung durch die Frau noch nicht verdaut. Allmählich setzte sich die Erkenntnis durch: Eigentlich hatte die Frau ja recht. Diesen

Tadel habe ich durchaus verdient: Es war einfach bequem. Noch dazu habe ich als Priester vielleicht ein schlechtes Beispiel gegeben. Ich dachte mir also: Am Ende hat mir das gar nicht geschadet.

Niemand wird gern zurechtgewiesen, niemand freut sich, wenn er getadelt oder ermahnt wird. Andererseits ist heute auch niemand so schnell zu einer offenen und ehrlichen Kritik bereit. Es wird eher genörgelt, gemurrt, hinterrücks kritisiert, manchmal aus bloßem Ärger. Kritik kann aber auch heilsam sein, kann einem weiterhelfen. Wir Christen kennen die Tugend der „Correctio fraterna", der brüderlichen Zurechtweisung oder Ermahnung.

Im Blick auf die angesprochene Begegnung denke ich, dass die genannte Dame nicht sonderlich tugendhaft war: Sie hat mich wohl nur aus einem wienerischen Grant heraus zurechtgewiesen und wollte sich vielleicht nur abreagieren. Und doch hat sie mir geholfen, meine Bequemlichkeit zu korrigieren, weil ich sozusagen das Beste aus dieser

Ermahnung gemacht habe. Im vollen Sinn war das aber keine „Correctio fraterna", denn dazu gehört auch die richtige Einstellung auf Seiten dessen, der ermahnt.

Bei der brüderlichen Zurechtweisung handelt es sich um mehr als nur eine Kritik am anderen. Es ist eine christliche Tugend, ja eine christliche Pflicht. Nicht jedes Herumnörgeln am anderen ist schon das, was die katholische Ethik unter diesem Begriff versteht. Ich möchte daher Schritt für Schritt überlegen, was die brüderliche Zurechtweisung ist und wie sich der Ermahnte und der Ermahnende zu verhalten haben. Dabei wollen und müssen wir auch in die Bibel schauen, denn die brüderliche Zurechtweisung ist ein Auftrag, der von unserem Herrn Jesus selbst stammt.

Wenn einer sich zu einer Verfehlung hinreißen lässt, meine Brüder, so sollt ihr, die ihr vom Geist erfüllt seid, ihn im Geist der Sanftmut wieder auf den rechten Weg bringen. Doch gib Acht, dass du nicht selbst in Versuchung gerätst. Einer trage des anderen Last; so werdet ihr das Gesetz Christi erfüllen. Wer sich einbildet, etwas zu sein, obwohl er nichts ist, der betrügt sich. Jeder prüfe sein eigenes Tun. Dann wird er sich nur im Blick auf sich selbst rühmen können, nicht aber im Vergleich mit anderen. Denn jeder wird seine eigene Bürde zu tragen haben.

Wer im Evangelium unterrichtet wird, lasse seinen Lehrer an allem teilhaben, was er besitzt.

Täuscht euch nicht: Gott lässt keinen Spott mit sich treiben; was der Mensch sät, wird er ernten. Wer im Vertrauen auf das Fleisch sät, wird vom Fleisch Verderben ernten; wer aber im Vertrauen auf den Geist sät, wird vom Geist ewiges Leben ernten. Lasst uns nicht müde werden, das Gute zu tun; denn wenn wir darin nicht nachlassen, werden wir ernten, sobald die Zeit dafür gekommen ist.

Deshalb wollen wir, solange wir noch Zeit haben, allen Menschen Gutes tun, besonders aber denen, die mit uns im Glauben verbunden sind.

Gal 6,1–10

Miteinander reden –

wer mit wem?

Selig, die Frieden stiften;
denn sie werden
Söhne Gottes genannt werden.

Mt 5,9

Gott möchte unserem Leben
Grund und Ordnung,
Richtung und Weisung geben.

Heute ist es verpönt, andere zu belehren oder zu tadeln. Das kommt vielfach von einem falschen Toleranzdenken: Jeder soll nach seiner Façon tun, was er will, weil es ohnehin keine letzte oberste und höchste Norm gibt. Man geniert sich sogar, dem anderen zu sagen, dass er etwas Falsches macht, dass er mit seiner Auffassung danebenliegt oder sogar offen dem Evangelium widerspricht durch sein Reden und Tun.

Dazu kommt natürlich eine gewisse Bequemlichkeit. Wer andere tadelt, der macht sich unbeliebt, und das will ja keiner sein. In der Heiligen Schrift heißt es schon: „Wer den Zuchtlosen tadelt, erntet Schimpf, wer den Frevler rügt, erntet Schande" (Spr 9,7). Also niemand möchte sich unbeliebt machen. Da macht man lieber die Augen zu und lässt alles so laufen. Oder aber man frisst das Fehlverhalten anderer in sich hinein, und lässt seinen Aggressionen dann hinterrücks aus, indem man in Abwesenheit kritisiert und polemisiert. Der bequemere Weg ist demnach zu sagen: Was geht mich das an, wie das folgende Beispiel zeigt: Als

Pfarrer hielt ich in meiner Pfarrei im Wienerwald gern Taufen. Hochzeiten dagegen haben mich eher belastet. Bei einer Hochzeit, kann ich mich erinnern, saß das Brautpaar vor mir im Mittelgang. Hinter ihnen waren Kinder, die sich während der Predigt geprügelt haben. Die ganze Hochzeitsgesellschaft hat auf die Kinder geschaut ohne einzugreifen. Lieber wird die „heiße Kartoffel" dem Pfarrer überlassen, der soll sich die Finger verbrennen. Und ich stand am Altar und habe versucht, über Liebe und Familie zu predigen.

Wer dich bittet, dem gib, und wer von dir borgen will, den weise nicht ab.
Mt 5,42

Es entsteht also die Frage: Dürfen wir überhaupt andere zurechtweisen? Sollen wir es?

Ja, wir dürfen und sollen, denn es gibt eine letzte Wahrheit, die sich uns geoffenbart hat. Diese theologische Erkenntnis ist der tiefste Grund für die Ermahnung. Wir glauben an die Menschwerdung Jesu Christi und damit an den Höchstfall der Offenbarung Gottes. Wir können erkennen, was Gott von uns will. Wir wissen darum, wie wir uns verhalten sollen. Es wird uns durch Jesus Christus, durch sein Evangelium, durch seine Kirche gesagt, was richtig ist und was falsch. Die Einsicht ist jedermann zugänglich.

Wenn es wahr ist, dass Jesus Christus wirklich in der heiligsten Eucharistie gegenwärtig ist, als Gott und Mensch, dann gibt es nur ein richtiges Verhalten: die Ehrfurcht, die Anbetung. Wenn ich mich in der Kirche jedoch ganz profan verhalte, dann ist das objektiv falsch. Ich möchte es an einem anderen Beispiel verdeutlichen: Ich erinnere mich, wie ich als Kind in der Kirche immer von den älteren Kirchgängerinnen getadelt wurde, ich solle doch ordentlich sitzen. Diese Frau wusste um die Bedeutung der Kirche als Haus Gottes, um die Gegenwart des Herrn. Sie wollte Gott anbeten. Ich merkte, dass den Frauen dieser Ort heilig ist. Also hat diese Frau mich völlig zu Recht getadelt. Sie hat mich aber nicht bloß getadelt, weil sie selber schlecht aufgelegt war, oder weil ich ihr persönlich auf die Nerven gegangen bin. Sie hat mich zurechtgewiesen, weil ich gegen die Wahrheit Gottes gehandelt habe. Ich habe mir das gemerkt, obwohl ich damals gekränkt war. Heute bin ich dankbar, dass ich hier auf etwas Wichtiges aufmerksam gemacht wurde.

Es gibt durch die Offenbarung Gottes absolut gültige Wahrheiten. Es lässt sich für uns daher objektiv feststellen, was gut ist und was falsch. Wo jemand gegen die Gebote Gottes handelt, dort verdient er deshalb auch objektiv Tadel.

Dies widerspricht einer heute weit verbreiteten Auffassung von Christentum und Kirche. Nach dieser falschen Auffassung soll jeder moralisch und religiös tun, was er eben will. Das Subjekt ist autonom in seiner Moral und in seinen religiösen Empfindungen. Eigentlich predigt uns der Zeitgeist nämlich schon seit Jahrzehnten einen Superegoismus: Tu nur, was dir Spaß macht, lebe so, wie es dir am meisten Lust bereitet. Wir behaupten das Gegenteil: Gott möchte unserem Leben Grund und Ordnung, Richtung und Weisung geben.

Daraus folgt aber, dass sich die brüderlich Zurechtweisung im eigentlichen Sinn nur auf die Befolgung der Gebote Gottes bzw. des göttlichen Gesetzes bezieht. Anders gesagt: Sie möchte den Menschen von der Sünde abhalten.

Das ist der eigentliche Sinn und Zweck. Die Übertretung, die getadelt wird, ist eine Übertretung des Gebotes Gottes.

HALTESTELLE

Gott

Ihr habt gehört, dass gesagt worden ist: Auge für Auge und Zahn für Zahn. Ich aber sage euch: Leistet dem, der euch etwas Böses antut, keinen Widerstand, sondern wenn dich einer auf die rechte Wange schlägt, dann halt ihm auch die andere hin. Und wenn dich einer vor Gericht bringen will, um dir das Hemd wegzunehmen, dann lass ihm auch den Mantel. Und wenn dich einer zwingen will, eine Meile mit ihm zu gehen, dann geh zwei mit ihm. Wer dich bittet, dem gib, und wer von dir borgen will, den weise nicht ab.

Ihr habt gehört, dass gesagt worden ist: Du sollst deinen Nächsten lieben und deinen Feind hassen. Ich aber sage euch: Liebt eure Feinde und betet für die, die euch verfolgen, damit ihr Söhne eures Vaters im Himmel werdet; denn er lässt seine Sonne aufgehen über Böse und Gute, und er lässt regnen über Gerechte und Ungerechte. Wenn ihr nämlich nur die liebt, die euch lieben, welchen Lohn könnt ihr dafür erwarten? Tun das nicht auch die Zöllner? Und wenn ihr nur eure Brüder grüßt, was tut ihr damit Besonderes? Tun das nicht auch die Heiden? Ihr sollt also vollkommen sein, wie es auch euer himmlischer Vater ist.

Mt 5,38–48

Miteinander reden –

mit einem Blick

in die Heilige Schrift

Selig, die keine Gewalt anwenden;
denn sie werden das Land erben.

Mt 5,5

Die christliche „Zurechtweisung"
möchte nicht triumphieren, sondern dienen.

Ein Blick in die Heilige Schrift zeigt: Die Korrektur auf
Wahrheit hin ist ihr ein Anliegen.

1. Versagen des Priesters Eli
gegenüber seinen Söhnen (1 Sam – 2 Sam)

Im Alten Testament wird uns sehr drastisch die Sünde
der Söhne des Hohenpriesters Eli geschildert, Hofni
und Pinhas. Ihr Vater Eli ist der Priester des Heilig-
tums von Schilo. Die beiden Söhne waren missraten:
Sie schändeten die Opfer des Tempels, nahmen den
Leuten das Opferfleisch weg, noch bevor sie es Gott
geopfert haben, trieben Unzucht mit Frauen, die zur
Wallfahrt nach Schilo gekommen waren, und taten andere schändliche Dinge. Was die Heilige Schrift aber
eigentlich ankreidet, ist das Versagen des Priesters Eli
gegenüber seinen Söhnen. Er ist zwar ein frommer
und gottesfürchtiger Mann, aber das ist zu wenig: Weil
er dem Treiben seiner Söhne nicht Einhalt bietet, lässt
Gott sein ganzes Geschlecht aussterben, um neue und
würdige Priester für den Dienst am Altar zu berufen.
Es ist klar, was damit gelehrt werden soll: dass es eine

Sünde ist, wenn die Sünde nicht bekämpft wird. Gott macht dem schwachen Eli Vorhaltungen: „Warum ehrst du deine Söhne mehr als mich?" Oder anders formuliert: Warum sind dir deine Söhne mehr wert als ich, dass du sie einfach weitermachen lässt? Noch dazu wäre Eli als Oberpriester verpflichtet gewesen, die Sache Gottes zu verteidigen. Eli wird von Gott grausam gestraft: Er stürzt hintenüber und bricht sich das Genick.

Die Mönchsväter haben aus diesem biblischen Beispiel übrigens ihre Lehre gezogen. Der heilige Benedikt schreibt in seiner Regel im 5. Jahrhundert, dass sich der Abt, also der Obere des Klosters, immer den Tod des Priesters Eli von Schilo vor Augen halten soll (RB 2,26). Benedikt ist hier sehr klar in dem Profil, das er von einem guten Abt entwirft. Er schreibt: „Wir ermahnen ihn, die Nachlässigen und Verächter der Zucht zu tadeln und zu bestrafen. Er soll nicht über die Fehler der Schuldigen hinwegsehen, sondern sie, so gut er kann, gleich beim ersten Entstehen mit der Wurzel ausrotten. Er denke an den Tod des Priesters Eli von Schilo" (RB 2,25b-26).

Wendet euch meiner Mahnung zu! Dann will ich auf euch meinen Geist ausgießen und meine Worte euch kundtun.

Spr 1,23

2. Mahnrede Johannes des Täufers an Herodes
(Lk 3,19; Mk 6,18)

Johannes tadelt freimütig den Tetrarchen Herodes, weil er sich dessen Frau genommen hat. Dieser Tadel kostet Johannes das irdische Leben. Wir werden noch sehen, dass der, der den anderen – um Gottes willen – tadelt, oft mit schweren Nachteilen, mit Verlust von Ansehen, Achtung und Popularität rechnen muss.

3. Jesus belehrt seine Jünger

Von Jesus wird ja oftmals erzählt, wie er die Jünger belehrte, ermahnte und auch zurechtwies. Ich meine hier nicht die Stellen, wo Jesus mahnend zur Allgemeinheit sprach, sondern wo er sich an ganz konkrete Personen oder einen kleinen Personenkreis wandte, nämlich an seine Jünger. Er tat dies in mit sichtlicher pädagogischer Mühe. Es ging ihm nicht darum, seine Autorität durchzusetzen oder sich jetzt vor den Jüngern aufzuspielen. Es ging ihm darum, ihnen sein Anliegen in solchen „Portionen" mitzuteilen, dass sie es auch fassen können. Im 9. Kapitel des Markusevangeliums wird uns beispielsweise erzählt, wie die Jünger Jesus gleichsam stufenweise „zur Weißglut" bringen: Wir sind nach der 2. Ankündigung des bevorstehen-

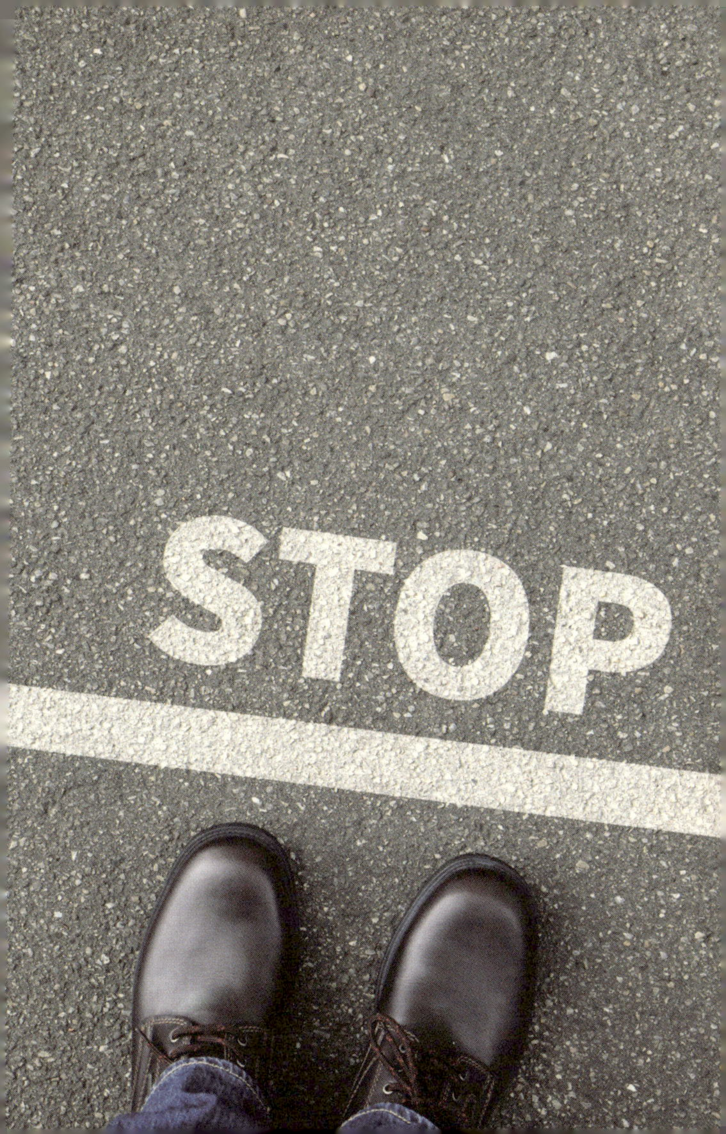
STOP

den Leidens, Jesus wendet sich in Gedanken ganz nach Jerusalem. Doch die Jünger haben nichts Besseres zu tun, als miteinander zu streiten, wer im Himmelreich der Größte sei. Jesus stellt daraufhin ein Kind in ihre Mitte und sagt: „Wer unter euch allen der Kleinste ist, der ist groß!"

Wer so klein sein kann wie dieses Kind, der ist im Himmelreich der Größte.
Mt 18,4

Bald kommt das nächste Problem, das die Jünger nicht bewältigen: Fremde Wundertäter sind im Namen Jesu aufgetreten. Wieder weist sie Jesus zurecht: „Wer nicht gegen euch ist, der ist für euch!"

Schließlich werden sie in einem samaritanischen Dorf nicht aufgenommen. Die Jünger sind wütend. Sie fragen Jesus, ob sie nicht Feuer vom Himmel fallen lassen können als Rache für die Abweisung. Da heißt es: „Da wandte er sich um und wies sie zurecht."

4. Mahnrede des rechten Schächers an seinen Gefährten (Lk 23,40 f.)

Ebenso ist es mit der Zurechtweisung, welche der rechte Schächer dem lästernden Schächer zur Linken Jesu bei dessen Kreuzigung erteilt: Als dieser Jesus verhöhnt, weist ihn der rechte Schächer zurecht: „Nicht einmal du fürchtest Gott? Uns geschieht recht, wir erhalten den Lohn für unsere Taten; dieser aber hat nichts Unrechtes getan." Der rechte Schächer bittet Jesus: „Denk an mich, wenn du in dein Reich kommst." Und er erhält prompt seinen Lohn: „Heute noch wirst du mit mir im Paradies sein." Wir sehen also, dass Jesus die rechte Zurechtweisung durchaus honoriert.

5. Jesu Auftrag zur Zurechtweisung

Doch nicht nur Jesus selbst hat seine Jünger brüderlich korrigiert. Er hat auch uns ausdrücklich den Auftrag zu einem solchen Tun gegeben. Schlagen wir das Lukasevangelium auf. Dort heißt es: „Wenn dein Bruder sündigt, weise ihn zurecht; und wenn er sich ändert, vergib ihm" (Lk 17,3b–4).

Die wichtigste Stelle des NT aber steht im Matthäusevangelium. Die Bibelwissenschaftler sagen uns, dass hier bereits eine Art Bußverfahrensordnung der frühen Gemeinde wiedergegeben wird, die aus der jüdischen Gemeindepraxis übernommen wurde. Das Mahnverfahren ist dreistufig:

Ausstoß
aus der
Gemeinde

Zurechtweisung vor
qualifizierten Zeugen

Zurechtweisung unter vier Augen

Zuerst wird der zu Ermahnende unter vier Augen zurechtgewiesen, anschließend vor qualifizierten Zeugen. Nützt das alles nichts, dann folgt der Ausstoß aus der Gemeinde: „Wenn dein Bruder sündigt, dann geh zu ihm und weise ihn unter vier Augen zurecht. Hört er auf dich, so hast du deinen Bruder zurückgewonnen. Hört er aber nicht auf dich, dann nimm einen oder zwei Männer mit, denn jede Sache muss durch die Aussage von zwei oder drei Zeugen entschieden werden. Hört er auch auf sie nicht, dann sag es der Gemeinde. Hört er aber auch auf die Gemeinde nicht, dann sei er für dich wie ein Heide oder ein Zöllner" (Mt 18,15–17).

Das persönliche Gegenüber zwischen Mahnendem und Gemahntem ist von großer Bedeutung. Die Mahnung hat zuerst „unter vier Augen" zu erfolgen. Hat sie keinen Erfolg, dann ist der Kreis der Zeugen auszuweiten: zuerst vor einem oder zwei anderen, dann vor der ganzen Gemeinde.

Die Kirche hat dieses Wort Christi in ihre Rechtspraxis übertragen: Wenn sich jemand eines Vergehens schuldig macht, dann folgt immer zuerst das persönliche Gespräch, die Auseinandersetzung unter vier Augen. Erst wenn der Sachverhalt auf diese Weise nicht geklärt werden kann, dann werden immer weitere Kreise zu dem Mahnverfahren hinzugezogen.

6. Ermahnungen des Paulus in seinen Briefen

Schließlich sind die Briefe des Neuen Testamentes zu nennen, die voll von Ermahnungen und Zurechtweisungen sind. Mit großer Autorität wagt beispielsweise Paulus, die Gemeinden zu ermahnen. Es gibt darüber hinaus einige Stellen, wo explizit zu einer Zurechtweisung ermutigt wird: „Wenn einer sich zu einer Verfehlung hinreißen lässt, meine Brüder, so sollt ihr, die ihr vom Geist erfüllt seid, ihn im Geist der Sanftmut wieder auf den rechten Weg bringen. Doch gib Acht, dass du nicht selbst in Versuchung gerätst" (Gal 6,1).

Paulus ist hier ein guter Psychologe, wenn er den Geist der Sanftmut einfordert. Er weiß, dass man mit einem Tropfen Honig mehr Fliegen fängt als mit hundert Fässern Essig.

Später im 1. Timotheusbrief mahnt Paulus ebenfalls ausdrücklich: „Wenn sich einer verfehlt, so weise ihn in Gegenwart aller zurecht, damit auch die anderen sich fürchten" (1 Tim 5,20).

Doch bitte aufpassen: Hier ist an das Matthäusevangelium zu erinnern: Die erste Mahnung hat immer unter vier Augen zu erfolgen. Wenn man jemanden gleich in der Öffentlichkeit zurechtweist, so kann der andere damit tödlich verletzt werden. Es besteht die Gefahr, dass er sich verraten und bloßgestellt fühlt.

Schließlich findet sich noch eine berühmte Stelle im 2. Timotheusbrief: „Verkünde das Wort, tritt dafür ein, ob man es hören will oder nicht; weise zurecht, tadle, ermahne, in unermüdlicher und geduldiger Belehrung" (2 Tim 4,2). Diese Mahnung richtet sich an den Apostelschüler Timotheus. Es ist keine Anmaßung für den Apostel, andere zurechtzuweisen, wenn sie von den Wegen Gottes abirren. Es ist eine Pflicht.

Seid einander in brüderlicher Liebe zugetan, über-
trefft euch in gegenseitiger Achtung! Lasst nicht
nach in eurem Eifer, lasst euch vom Geist entflam-
men und dient dem Herrn! Seid fröhlich in der
Hoffnung, geduldig in der Bedrängnis, beharrlich
im Gebet! Helft den Heiligen, wenn sie in Not sind;
gewährt jederzeit Gastfreundschaft! Segnet eure
Verfolger; segnet sie, verflucht sie nicht! Freut euch
mit den Fröhlichen und weint mit den Weinenden!
Seid untereinander eines Sinnes; strebt nicht hoch
hinaus, sondern bleibt demütig! Haltet euch nicht
selbst für weise! Vergeltet niemand Böses mit Bö-
sem! Seid allen Menschen gegenüber auf Gutes be-
dacht! Soweit es euch möglich ist, haltet mit allen
Menschen Frieden! Rächt euch nicht selber, liebe
Brüder, sondern lasst Raum für den Zorn (Gottes);
denn in der Schrift steht: Mein ist die Rache, ich
werde vergelten, spricht der Herr. Vielmehr: Wenn
dein Feind Hunger hat, gib ihm zu essen, wenn er
Durst hat, gib ihm zu trinken; tust du das, dann
sammelst du glühende Kohlen auf sein Haupt. Lass
dich nicht vom Bösen besiegen, sondern besiege
das Böse durch das Gute!

Röm 12,10–21

Miteinander leben –
mit Herz und
Verstand

Selig,
die hungern und dürsten
nach der Gerechtigkeit;
denn sie werden satt werden.

Mt 5,6

Zur Zurechtweisung braucht man
einen kühlen Kopf und ein warmes Herz
und nicht umgekehrt!

1. Wie geschieht eine brüderliche Zurechtweisung?

Wie der Name es schon sagt: Hier geht es um eine „brüderliche" Zurechtweisung. Und die setzt ein geschwisterliches Verhältnis voraus, eine persönliche Beziehung. Mahnschreiben und Enzykliken wenden sich an viele oder sogar an alle. In der brüderlichen Zurechtweisung aber geht es um den Einzelnen – von Person zu Person.

Zum Wesen dieser Zurechtweisung gehört aus diesem Grund *das Personale,* d. h. dass man sich *„Aug in Aug"* gegenübersteht. Dieses Unter-vier-Augen-Gespräch ist nicht zuletzt auch eine Forderung, die Jesus im Evangelium erhebt: „Wenn dein Bruder sündigt, dann geh zu ihm und weise ihn unter vier Augen zurecht" (Mt 18,15; vgl. Lk 17,3; Lev 19,17).

Ich möchte das noch einmal betonen: Heute haben wir viele Medien, durch die wir dem anderen unsere Meinung übermitteln können: SMS, WhatsApp, Facebook, E-Mail, Telefon ... Aber die brüderliche Zu-

rechtweisung soll unter vier Augen geschehen. Konkret bedeutet das: Es ist zu wenig, wenn der Bischof einem Kleriker durch einen Brief tadelt o. Ä.
Die richtige Zurechtweisung hat „Aug in Aug" zu erfolgen.

In diesem personalen Bezug liegt schon eine große Hoffnung auf Erfolg: Das Wort wird nicht dem – doch letztlich anonymen – Medium anvertraut, sondern wirklich dem anderen als einem lebendigen Menschen. Es besteht eine viel größere Chance, dass der andere sich öffnet – und nicht etwa gleich in Ärger ausbricht, wenn er schriftlich eine Zurechtweisung bekommt.

Wenn dein Bruder sündigt, dann geh zu ihm und weise ihn unter vier Augen zurecht.
Mt 18,15

Einen weiteren Vorteil bringt es zudem für den Mahnenden. Er muss wirklich prüfen: „Ist es mir das wert, dass ich jetzt den anderen zurechtweise?" Das Schreiben eines Briefes, das Abschicken einer SMS, einer E-Mail oder das Kommentieren auf Facebook kann aus einer bloßen Emotion heraus erfolgen. Aber das In-Kontakttreten mit dem anderen erfordert Zeit und Mut.

Freilich sollte es in der Kirche so sein, dass man nicht nur dann zum Pfarrer, Bischof oder Ordensoberen gerufen wird, wenn man etwas angestellt hat und zurechtgewiesen wird. Vielmehr ist es für all jene, die von Amts wegen zur Unterweisung verpflichtet sind, wichtig, dass sie immer einen guten Kontakt zu den ihnen Anvertrauten pflegen.

Übrigens: Da ich recht cholerisch bin, habe ich mir angewöhnt, „zornige" E-Mails zunächst einmal an mich selber zu schicken! Dann lese ich sie mir am nächsten Tag, wenn sich meine Gefühle beruhigt haben, noch einmal durch. Und – falls ich sie dann überhaupt noch abschicke – formuliere ich sie meist völlig um, sodass sie dann weit liebevoller klingen …

2. Was ist die Absicht einer Correctio fraterna?

Die brüderliche Zurechtweisung hat ihren letzten Grund in der Heilung des anderen.

„Kritik" erfolgt aus Lust am Sieg über den anderen. Es geht um den Triumph des Rechtbehaltens auf Kosten des anderen. Die brüderliche Ermahnung hingegen ist ein Dienst, *eine Hilfestellung* an demjenigen, der fehlt und sich gegen Gott und die Kirche vergeht. Es ist deshalb deutlich zu machen, dass damit etwas wesentliches anderes gemeint ist als das, was heute unter „Kritik" verstanden wird.

Im Matthäusevangelium wird das ausdrücklich betont: Wenn der Gemahnte die Mahnung annimmt, so ist er „zurückgewonnen". Die Gebote Gottes sind der Weg des Lebens. Wer davon abirrt, der läuft Gefahr, Schaden an seiner Seele zu nehmen oder die Gemeinschaft zu gefährden. Im Buch der Sprichwörter heißt es: „Schlimme Strafe trifft den, der den rechten Pfad verlässt, wer Zurechtweisung hasst, muss sterben" (Spr 15,10).

Die brüderliche Zurechtweisung unterscheidet sich von der heute grassierenden Praxis der zerstörerischen Kritik fundamental durch ihre Motivation. Sie erfolgt nicht um meines Ärgers oder meines Gekränkt-Seins Willen, nicht deshalb, weil *mir* etwas nicht passt. Vielmehr erfolgt sie *um des anderen Willen, der etwas Falsches tut oder lehrt*. Augustinus sagt: „Warum weist

du ihn zurecht? Weil es dir wehtut, dass er sich gegen dich verfehlt hat? Wenn du es aus Eigenliebe tust, tust du nichts Wertvolles. Wenn du es aber aus Liebe zu ihm tust, tust du sehr gut" (Augustinus, Sermo 82,3-4: PL 38,507).

Die christliche „Zurechtweisung" möchte also nicht triumphieren, sondern dienen. Sie möchte demjenigen, den sie auf einen Fehler aufmerksam macht, helfen, das Rechte zu erkennen und zu tun.

Im Titusbrief heißt es z. B.: „Das ist ein wahres Wort. Darum weise sie streng zurecht, damit ihr Glaube wieder gesund wird" (Tit 1,13). Das Ziel ist die Gesundung dessen, der gemahnt wird.

Später in der Apokalypse sagt Gott selbst:
„Wen ich liebe, den weise ich zurecht und nehme ihn in Zucht. Mach also Ernst, und kehr um!"
(Offb 3,19).

3. Gibt es einen richtigen Zeitpunkt zur Ermahnung?

Die Ausübung der Zurechtweisung findet ohne Zorn und Eigenwillen statt. Fehlverhalten erzeugt Betroffenheit, Ärger, ja Aggressionen. Das ist ein Problem, mit dem der Mahnende rechnen muss: Dass er sich selbst so ärgert, dass er gar nicht mehr objektiv ist in seinem Urteil.

Es gibt zwischen Menschen das Phänomen der Antipathie. Eine Kommunikation miteinander ist dann nicht möglich. Manche Menschen regen uns mehr auf als andere, bei manchen gehen die Nerven schneller durch. Und hier muss man gut aufpassen, denn die christliche brüderliche Zurechtweisung soll möglichst ohne Emotionen ausgeübt werden. Ich weiß, dass dies in der Praxis kaum möglich ist. Meist ärgert man sich, und aus diesem Ärger heraus wird dann kritisiert. Genau das ist aber falsch.

In der Heiligen Schrift heißt es: „Wie ist es doch besser zurechtzuweisen, als zu zürnen" (Sir 20,2 nach der Septuaginta). Ich halte das stille Zürnen für psychologisch sehr gefährlich. In der Kirche ist das heute leider auch so: Viele „fressen" den Ärger in sich hinein und werden so in der Seele krank. Die brüderliche Zurechtweisung wäre eigentlich ein Weg zur Seelenhygiene.

Wenn man sich ausgesprochen hat, dann ist einem auch leichter. Im Alten Testament lesen wir: „Du sollst in deinem Herzen keinen Hass gegen deinen Bruder tragen. Weise deinen Stammesgenossen zurecht, so wirst du seinetwegen keine Schuld auf dich laden" (Lev 19,17).

Zur Zurechtweisung braucht man einen kühlen Kopf und ein warmes Herz und nicht umgekehrt! Deshalb ist es besser, den rechten Augenblick abzuwarten. Dazu kann ich wieder ein Wort des Alten Testamentes zitieren: „Manche Ermahnung geschieht zur Unzeit; mancher schweigt und der ist weise" (Sir 20,1).

Bei einer solchen persönlichen Unterredung sind Polemik und Zynismus nicht angebracht, denn es geht um einen Dienst. *„In omnibus caritas!"* Wir Christen sind ja tatsächlich Geschwister. Die brüderliche Zurechtweisung zu üben, ist ein Ernstnehmen dieser Geschwisterlichkeit.

Aber auch für den Erfolg ist es von entscheidender Bedeutung, in welcher geistlichen und emotionalen Verfassung sich der Mahnende befindet. Damit jemand, der die brüderliche Zurechtweisung ausübt, in der rechten geistlichen Verfassung ist, ist sehr zu empfehlen, dass er vorher sein Gewissen prüft und das Bußsakrament empfängt.

Sie sehen jedenfalls: Mein Ratschlag zur Zurechtweisung ist etwas ganz anderes als die Aufforderung zu billiger Kritik, im Gegenteil! Die Ermahnung hat mit einem Zornablassen nichts zu tun. Sie ist der mühevolle Dienst, sich beim anderen vielleicht sogar unbeliebt zu machen, indem man sich bemüht, seine Fehler zu bessern. Daraus folgt, dass die brüderliche Zurechtweisung als ein heiliger Dienst verstanden werden muss.

4. Was bei der Correctio
beachtet werden sollte ...

Die Ausübung der Correctio ist ein heiliger Dienst. Kritisieren ist leicht, doch die richtig geübte brüderliche Ermahnung fällt schwer. Viele scheuen davor zurück aus Angst vor Unannehmlichkeiten. Es ist vielfach die Angst, sich unbeliebt zu machen, sich zu deklarieren. Und weil man den Mut nicht aufbringt, jemandem, der gegen die Kirche fehlt, von Angesicht zu Angesicht gegenüberzutreten, frisst man den Ärger entweder in sich hinein oder man kritisiert hinterrücks. Es ist eben weit einfacher, jemand Abwesenden im Kreise Gleichgesinnter zu tadeln – ähnlich wie das Schreiben eines Briefes, einer E-Mail oder das Senden eines Fax. Dies erfordert ebenfalls noch immer ein eher geringes Maß an Mut. *Das „Aug in Aug" hingegen kostet die Kraft der Demut und der Überwindung der eigenen Bequemlichkeit.* Und genau das ist es, was die brüderliche Zurechtweisung zur Tugend und so erfolgreich macht. Als Faustregel kann man sagen: Wer gerne kritisiert, soll sich hier eher zurückhalten. Je mehr Überwindung es jemandem kostet, unter vier Augen eine unangenehme

Versag keine Wohltat dem, der sie braucht, wenn es in deiner Hand liegt, Gutes zu tun.
Spr 3,27

Mahnung liebevoll anzusprechen, desto fruchtbarer kann die brüderliche Korrektur sein. Je mehr die Unternehmung von innerem Leiden und Gebet begleitet ist, desto tugendhafter ist sie.

Was nicht angebracht ist, ist Feigheit. Natürlich: Wenn man nichts sagt und alles so laufen lässt, hat man ein ruhigeres Leben. Aber auf diese Weise können Fehler einreißen, in der Kirche können Irrtümer entstehen usw. Im Jakobusbrief lesen wir: „Meine Brüder, wenn einer bei euch von der Wahrheit abirrt und jemand ihn zur Umkehr bewegt, dann sollt ihr wissen: Wer einen Sünder, der auf Irrwegen ist, zur Umkehr bewegt, der rettet ihn vor dem Tod und deckt viele Sünden zu" (Jak 5,19 f.). Das bedeutet dann, dass jener, welche die Ermahnung ausübt, ein wichtiges, ja ein gnadenhaft gutes Werk vollbringt.

5. Wenn die Zurechtweisung zur Pflicht wird …

Was bedeutet das? Wenn ein Fehler offensichtlich ist, man irgendwie zuständig oder verantwortlich ist und nicht versucht, den anderen von dem Fehler abzubringen, dann kommt es zur Vernachlässigung der eigenen Pflicht. Man begeht also selbst eine Sünde. Weil es aber in der Ermahnung um das Heil des anderen

geht, gibt die Schrift auch etliche klare Weisungen, sie aus sittlicher Pflicht heraus *gewissenhaft* zu üben. So heißt es schon im Buch Levitikus: „Weise deinen Stammesgenossen zurecht, so wirst du seinetwegen keine Schuld auf dich laden" (Lev 19,17).

Die brüderliche Zurechtweisung muss demnach auf jeden Fall aus der Nächstenliebe heraus geschehen. Zur Pflicht wird sie jedoch nur unter bestimmen Voraussetzungen, die die Moraltheologie festgelegt hat:

1. Zur Pflicht wird die Ermahnung dann, wenn sich der zu Ermahnende in geistlicher Gefahr befindet, nämlich Schaden an seiner Seele zu nehmen. Es muss feststehen, dass er wirklich gesündigt hat oder auf einem falschen Weg ist. Wenn es sich um eine Bagatelle handelt, die der andere vielleicht sogar unbewusst tut, dann besteht keine Pflicht. Wenn aber die Gemeinschaft Schaden nimmt oder eben der einzelne sich selbst schadet, dann gibt es ein „Muss". Dann wird das Wegschauen und Augenzudrücken zur Sünde.

2. Zur Zurechtweisung ist man freilich nur dann verpflichtet, wenn eine gewisse Aussicht auf Erfolg besteht. Es muss also erwartet werden, dass sich der

Zurechtgewiesene vom Zurechtweisenden auch wirklich etwas sagen lässt.

Wenn man also schon weiß, dass der Ermahnte abweisend reagieren wird, dann soll man es besser lassen. Oft gebe ich Eltern gegenüber ihren pubertierenden Kindern den Rat, dass „Reden Silber und Schweigen Gold" ist. Wobei für den Erfolg auch immer die Situation, die Stimmung von großer Bedeutung ist. Es gibt oft den Augenblick, wo es wirklich passt: Da kann man dann gegenüber den Kindern ein Wort fallen lassen, dass wirklich ins Herz trifft und sie vor Bösem bewahrt. Am besten ist, man betet, dass Gott eine solche Situation herbeiführt.

3. Als Pflicht ist die Zurechtweisung manchmal auch nur dann anzusehen, wenn die Verantwortung für den anderen in der eigenen Hand liegt. Das ist etwa in der Kirche der Fall: wenn man der Obere ist, der für jemanden zuständig ist; der Pfarrer, der einer Gemeinde vorsteht oder der Bischof, der Sorge für eine Diözese trägt. Es muss zudem feststehen, dass es nicht jemanden Geeigneteren gibt, der den anderen ermahnen kann. Der heilige Benedikt z. B. hat in seiner Regel ein eigenes Amt dafür vorgesehen: gütige und kluge Brüder, die die Gabe

haben, die Fehler der anderen zu bessern, ohne diese noch stärker zu verletzten.

In der Familie ist es auch manchmal so, dass vielleicht die Mutter eine Mahnung besser anbringen kann als der Vater oder umgekehrt. Klugheit spielt da eine wichtige Rolle. Sie ist überhaupt eine der wichtigsten Voraussetzungen.

Meine Mutter hat es etwa geschafft, mich mit 13 Jahren vom Rauchen abzubringen. Nicht weil sie geschimpft und getadelt hat, als sie merkte, dass ich mich mit einer Clique zum „Tschicken" verabredete. Sie hat überhaupt nicht aggressiv reagiert, sondern mich in einem stillen Augenblick beiseite genommen und mit mir wie mit einem Erwachsenen gesprochen. An ihr schlaues Argument erinnere ich mich noch: Warte doch bis 18, denn jetzt bist du im Wachsen und zerstörst deine Gesundheit. Dann kannst du ja immer noch anfangen. Ich habe dann mit 18 natürlich nicht angefangen. Danke Mutter!

4. Schließlich sagt die Moraltheologie auch, dass nur der die Pflicht hat, den anderen zu ermahnen, der daraus nicht einen unverhältnismäßig großen Nachteil zu erwarten hat. Wenn ich fürchten muss, meinen Arbeitsplatz zu verlieren, wenn ich

meinen Vorgesetzten ermahne, dann kann man nicht von einer Pflicht sprechen.

Wir blicken deshalb bewundernd auf die großen Gestalten gerade des letzten Jahrhunderts, die sich nicht gescheut haben, gegen die Regime des Unrechts und Terrors unter Bedrohung ihres eigenen Lebens das Recht Gottes zu verteidigen: August Kardinal von Galen von Münster, der Münchner selige Pater Rupert Mayer usw. Pater Rupert Mayer hat ausdrücklich gesagt: Ich predige weiter gegen das Böse.

Als Beispiel kann ich hier meinen im hohen Alter verstorbenen lieben Mitbruder Pater Alban Bunse anführen, der als junger Bursche einen Beschwerdebrief an Adolf Hitler geschrieben hat. Er hat diese Aktion allerdings nur so überlebt, dass seine Mutter ihn für unzurechnungsfähig erklären ließ. Sein Handeln war sehr ehrenvoll, aber eine „Pflicht" im eigentlichen Sinn zu einem solchen Brief bestand nicht ...

6. Wer ist zur Zurechtweisung berechtigt?

Die Zurechtweisung darf nur ausüben, wer dazu das Amt oder das Recht besitzt. Wenn wir auf den Raum der Kirche schauen, so müssen wir auch darauf hinweisen, dass es in der Kirche eine gewisse „heilige Ordnung" gibt, die von Christus herrührt. „Heilige Ordnung" heißt auf Griechisch „Hierarchie". Also konkret: Es gibt bestimmte Ämter, die in einer besonderen Weise dazu da sind, die brüderliche Zurechtweisung auszuüben.

Es ist ja schon vom Hausverstand her einsichtig, dass nicht jeder jeden jederzeit für alles und jedes kritisieren und zurechtweisen darf. Der Bischof ist also für seine Priester, der Pfarrer für seine Gemeinde usw. zuständig; ebenso wie die Eltern für ihre Kinder, die Lehrer für die Schüler usw. Verantwortung tragen. Diese Amtsverhältnisse sind zu berücksichtigen, sonst würde der andere mit Recht reagieren: „Was geht dich das an, du bist nicht dafür zuständig. Von dir lasse ich mir nichts sagen."

Wenn es irgendwo ein Kompetenzverhältnis gibt, dann ist es freilich der richtige Weg, dass man ein Fehlverhalten dem Zuständigen meldet, d. h. dem Bischof oder Pfarrer, damit dieser dann kraft seines Amtes einschreiten kann.

7. „Das Wort, das dir hilft, kannst du dir nicht selber sagen" ...

... so lautet ein Sprichwort. Die Annahme der Zurechtweisung ist ein Zeichen von Weisheit. Das gilt auch von der Zurechtweisung selbst. Wir brauchen die Ermahnung, die Zurechtweisung von außen, wenn wir uns in unserem Ich fangen und betriebsblind werden für unsere eigene Person. Wir brauchen die Ermahnung, um zu wachsen, um stärker zu werden. In der Heiligen Schrift heißt es: „Wer Zucht liebt, liebt Erkenntnis, wer Zurechtweisung hasst, ist dumm" (Spr 12,1).

In Demut schätze einer den anderen höher ein als sich selbst.
Phil 2,3

Es ist interessant: Genau dieses Prinzip der Kritik von außen, ist sogar eines der Erfolgsgeheimnisse in der Wirtschaft und im Sport. Ein Sportler hat schließlich deshalb einen Trainer, um von diesem verbessert zu werden. Nach dem Training gibt es „Manöverkritik", damit es das nächste Mal besser geht. Würde sich ein Sportler beleidigt fühlen, wenn er vom Trainer auf seine Fehler hingewiesen wird, dann wäre er schön dumm.

Ein anderes Zitat aus dem Alten Testament drückt es so aus: „Der Tor verschmäht die Zucht seines Vaters, wer auf Zurechtweisung achtet, ist klug" (Spr 15,5).

Es ist dumm, ja gefährlich, nicht auf eine wohlmeinende Kritik zu hören.

Dazu fällt mir zudem etwas Lustiges ein: Meine Großmutter war mit 83 Jahren das erste Mal in ihrem Leben in einem Krankenhaus und deshalb den Betrieb dort überhaupt nicht gewohnt. Bei meinem ersten Besuch erzählte sie ganz entrüstet: „Stell dir vor, da kommt am Morgen diese freche Krankenschwester und sagt mir, ich soll mich waschen. Als ob ich das nicht selber wüsste." – Ich konnte sie dann beruhigen, dass diese Aufforderung nicht „gegen" sie gerichtet, sondern „für" sie war; dass sie doch froh sein soll, dass sich jemand um sie kümmert. – Meine Großmutter war es einfach nicht gewohnt, von jemandem aufgefordert zu werden.

Wie töricht ist es, eine gut gemeinte Weisung und Mahnung abzulehnen. Denn: Wenn wir uns immer gleich dagegen sträuben, dann wird uns bald niemand mehr etwas sagen. Die anderen werden sich denken: „Soll er doch tun, was er will. Er lässt sich ohnehin nichts sagen." Und sie werden uns in unseren Fehlern lassen. Wenn jemand nicht fähig ist, eine Ermahnung anzunehmen, dann werden die anderen bald anfangen, ihm nur zu schmeicheln. Und das ist sicher schlecht für unseren Charakter.

8. Die Annahme der Zurechtweisung ist heilsam.

Jeder Mensch steht unter dem Gesetz der Erbsünde. Er ist „in sich gekrümmt", er ist umgebogen, zurückgeworfen auf das eigene Ich. Dieses Ich ist wie ein Götze, um den sich alles dreht: Ich will geliebt, ich will geachtet, ich will geehrt werden, ich bin der Beste, der Größte, der Schönste. Unsere heutige Mentalität unterstützt diese falsche Haltung. Wir leben in einer Zeit, welche sogar die weltlichen „Trendforscher" als Zeit des Superindividualismus bezeichnen. Man könnte auch sagen: „Superegoismus". Das Ich ist das götzenhafte Heiligtum des heutigen Menschen.

Daher fällt das Annehmen der Ermahnung heute vielleicht noch schwerer. Schwer ist es zu allen Zeiten gewesen, es ehrlich anzunehmen, dass man Fehler, Schwächen, Sünden hat. Seine eigene Kleinheit einzugestehen ist für den erbsündigen Menschen nicht leicht. Man hält sich für toll, und dann kommt jemand und sagt: „Du machst hier etwas falsch usw." Das tut weh. Dagegen rebelliert unser stolzes Ich.

In jedem großen Betrieb ist es üblich, dass man sich von Zeit zu Zeit zu Gesprächen trifft. Dabei muss offen über Fehler im Management gesprochen werden. Je offener und freimütiger, desto besser kann man korrigieren, desto größer wird der wirtschaftliche Erfolg sein. Ohne Kritik und Selbstkritik keine Verbesserung. Das steht ebenfalls schon im Alten Testament. Dort heißt es: „Armut und Schande erntet ein Verächter der Zucht, doch wer Tadel beherzigt, wird geehrt" (Spr 13,18).

Und so ist auch die eigene Gewissenserforschung wichtig. Menschen, die selber Beichten gehen, die die Kultur des Sündenbewusstseins in sich aufrecht halten, werden leichter fähig sein, Kritik anzunehmen als Kleriker, die jahrelang nicht beichten waren.

Wenn wir uns durch andere korrigieren lassen, so ist das heilsam für uns. Es bringt inneren Gewinn, nämlich Demut; und äußeren Gewinn, weil wir uns dadurch selbst verbessern.

Bedeutet dies aber, dass wir uns alles gefallen lassen

müssen? Keineswegs. Je mehr wir bereit sind, eine berechtigte Kritik anzunehmen, desto eher werden wir auch fähig sein, eine unberechtigte Kritik zurückzuweisen. Wir dürfen das tun, und wir sollen das auch tun. Nach außen hin sind wir so nicht zuletzt glaubwürdiger, denn einer, der seine Fehler annehmen kann, wirkt glaubwürdig, wenn er eine ungerechte Beschuldigung zurückweist.

Insgesamt aber schadet das Zurechtgewiesenwerden nicht. Vielmehr ist es ein Weg des geistlichen Fortschritts, ein Weg, der Demut lehrt.

Ihr sollt in der Rechtsprechung kein Unrecht tun. Du sollst weder für einen Geringen noch für einen Großen Partei nehmen; gerecht sollst du deinen Stammesgenossen richten.

Du sollst deinen Stammesgenossen nicht verleumden und dich nicht hinstellen und das Leben deines Nächsten fordern. Ich bin der Herr.

Du sollst in deinem Herzen keinen Hass gegen deinen Bruder tragen. Weise deinen Stammesgenossen zurecht, so wirst du seinetwegen keine Schuld auf dich laden.

An den Kindern deines Volkes sollst du dich nicht rächen und ihnen nichts nachtragen. Du sollst deinen Nächsten lieben wie dich selbst. Ich bin der Herr.

Lev 19,15–18

Miteinander leben –
als Zeugen
der Barmherzigkeit

Selig die Barmherzigen;
denn sie werden Erbarmen finden.

Mt 5,7

Barmherzigkeit ist das innerste Wesen Gottes.

Gott ist barmherzig durch und durch, aber er ist es nicht billig, er ist es nicht irenisch und oberflächlich nach dem Motto: „Mach was du willst!" Er leidet konkret und real unter dem Versagen des Menschen, unter unserer Sünde.

Darum ist die Barmherzigkeit der Kirche auch nie ein billiges „Es ist egal, was du tust", sondern es ist die Einladung an die Gläubigen, auf jene liebend zuzugehen, die Sünder sind, die fern von der Kirche sind oder die es nicht schaffen, die Gebote zu halten.

Barmherzigkeit will ich, nicht Opfer.
Mt 9,13

Die Barmherzigkeit Gottes verwandelt das Herz des Menschen, lässt ihn eine treue Liebe erfahren und befähigt ihn so seinerseits zur Barmherzigkeit. Es ist ein stets neues Wunder, dass die göttliche Barmherzigkeit sich im Leben eines jeden von uns ausbreiten kann, uns so zur Nächstenliebe motiviert und jene Werke anregt, welche die Tradition der Kirche die Werke der leiblichen und der geistigen Barmherzigkeit nennt. Sie erinnern uns daran, dass unser Glaube sich in konkreten täglichen Handlungen niederschlägt, deren Ziel es ist, unserem Nächsten an Leib und Geist zu helfen, und nach denen wir einst gerichtet werden. […]
Wenn wir durch die leiblichen Werke das Fleisch Christi in unseren Brüdern und Schwestern berühren, die bedürftig sind, gespeist, bekleidet, beherbergt und besucht zu werden, dann berühren die geistigen Werke unmittelbarer unser Sünder-Sein: beraten, belehren, verzeihen, zurechtweisen, beten. Die leiblichen und die geistigen Werke dürfen daher nie voneinander getrennt werden.

Papst Franziskus

Das ganze Gebot
der brüderlichen Zurechtweisung
wird vom Schlusssatz bestimmt:
Wenn er auf dich hört,
hast du deinen Bruder gewonnen
(Mt 18,15).
Franz von Sales

Die brüderliche Zurechtweisung ist ein Werk der Barmherzigkeit. Keiner von uns kennt sich selbst gut genug, keiner kennt gut genug seine Fehler. Und so ist es ein Akt der Liebe, dass einer dem anderen zur Vervollkommnung dient, damit wir uns gegenseitig helfen, uns besser zu erkennen, uns zu verbessern. Ich meine, dass es eine der Aufgaben unserer Kollegialität ist, im Sinn des vorgenannten Gebotes einander zu helfen, die Mängel zu erkennen, die wir selbst nicht sehen wollen – „ab occultis meis munda me", heißt es in dem Psalm –, einander zu helfen, dass wir uns öffnen und diese Dinge sehen.

Dieses große Werk der Barmherzigkeit, einander zu helfen, damit jeder wirklich seine Unversehrtheit, seine Funktionsfähigkeit als Werkzeug Gottes wiederfindet, erfordert gewiss viel Demut und Liebe. Nur wenn es aus einem demütigen Herzen kommt, das sich nicht über den anderen erhebt, sich nicht als besser als der andere ansieht, sondern als einfaches Werkzeug, um einander zu helfen. Nur wenn man diese tiefe und wahre Demut empfindet, wenn man fühlt, dass diese Worte aus der gemeinsamen Liebe kommen, aus der kollegialen Zuneigung, in der wir gemeinsam Gott dienen wollen, können wir in diesem Sinn durch einen großen Akt der Liebe einander helfen.

Papst Benedikt XVI.

Miteinander leben –
eine Einladung an uns

Freut euch und jubelt:
Euer Lohn im Himmel
wird groß sein.

Mt 5,12

Je mehr wir bereit sind,
eine berechtigte Kritik anzunehmen,
desto eher werden wir auch fähig sein,
eine unberechtigte Kritik zurückzuweisen.

Die brüderliche Zurechtweisung ist gemäß des Evangeliums eine Tugend.

Wenn es ein göttliches Gesetz gibt, dann müssen wir ihm selbst folgen und auch versuchen, dass die anderen nicht dagegen sündigen. Manchmal kann die Zurechtweisung sogar eine heilige Pflicht sein. Wir müssen also darum beten, dass wir Ermahnungen um unseres eigenen Heiles willen annehmen können. Und auch, dass wir in gütiger und liebevoller Weise anderen helfen können, auf den rechten Weg zurückzufinden.

Der Apostel Paulus mahnt uns in 1 Thess 5,14: „Wir ermahnen euch, Brüder: Weist die zurecht, die ein unordentliches Leben führen, ermutigt die Ängstlichen, nehmt euch der Schwachen an, seid geduldig mit allen!" Und hoffentlich erleben wir das, was uns auch in der Heiligen Schrift überliefert wird, wenn es heißt: „Rüge den Weisen, dann liebt er dich" (Spr 9,8).

„Laßt uns aufeinander achten
und uns zur Liebe
und zu guten Taten anspornen."
Hebr 10,24

[...]

1. „Lasst uns aufeinander achten":
die Verantwortung gegenüber den Brüdern
und Schwestern

[...] Das Achtgeben auf den anderen bedeutet, für ihn oder sie in jeder Hinsicht das Gute zu wünschen: leiblich, moralisch und geistlich. Der zeitgenössischen Kultur scheint der Sinn für Gut und Böse abhanden gekommen zu sein. Dabei muss mit Nachdruck daran erinnert werden, dass das Gute existiert und obsiegt, da Gott „gut ist und Gutes wirkt" (vgl. Ps 119,68). Das Gute ist das, was das Leben, die Brüderlichkeit und die Gemeinschaft erweckt, schützt und fördert. Verantwortung gegenüber dem anderen bedeutet also, dessen Wohl anzustreben und dafür zu wirken, in dem Wunsch, dass auch er sich der Logik des Guten öffnen möge; sich um seine Brüder und Schwestern zu kümmern bedeutet, die Augen für ihre Bedürfnisse zu öffnen. [...]

Auf die Brüder und Schwestern zu „achten" beinhaltet auch die Sorge um ihr geistliches Wohl. Und hier möchte ich an einen Aspekt des christlichen Lebens erinnern, von dem ich meine, dass er in Vergessenheit geraten ist: die brüderliche Zurechtweisung im Hinblick auf das ewige Heil. Heutzutage ist man generell sehr empfänglich für das Thema der Fürsorge und der Wohltätigkeit zugunsten des leiblichen und materiellen Wohls der Mitmenschen. Die geistliche Verantwortung gegenüber den Brüdern und Schwestern findet hingegen kaum Erwähnung. Anders war dies in der frühen Kirche und ist es in den wirklich im Glauben gereiften Gemeinden, wo man sich nicht nur der leiblichen Gesundheit der Brüder und Schwestern annimmt, sondern mit Blick auf ihre letzte Bestimmung auch des Wohls ihrer Seele. In der Heiligen Schrift lesen wir: „Rüge den Weisen, dann liebt er dich. Unterrichte den Weisen, damit er noch weiser wird; belehre den Gerechten, damit er dazulernt" (Spr 9,8 f.). Christus selbst befiehlt, einen Bruder, der sündigt, zurechtzuweisen (vgl. Mt 18,15). Das Zeitwort *elenchein*, das

68

hier für die brüderliche Zurechtweisung verwendet wird, ist dasselbe, das die prophetische Sendung der öffentlichen Anklage bezeichnet, die Christen gegenüber einer dem Bösen verfallenen Generation erfüllen (vgl. Eph 5,11). In der kirchlichen Tradition zählt diese Form der Zurechtweisung zu den geistlichen Werken der Barmherzigkeit. Es ist wichtig, sich wieder auf diese Dimension der christlichen Nächstenliebe zu besinnen. Vor dem Bösen darf man nicht schweigen. Ich denke hier an die Haltung jener Christen, die sich aus menschlichem Respekt oder einfach aus Bequemlichkeit lieber der vorherrschenden Mentalität anpassen, als ihre Brüder und Schwestern vor jenen Denk- und Handlungsweisen zu warnen, die der Wahrheit widersprechen und nicht dem Weg des Guten folgen. Die christliche Zurechtweisung hat ihren Beweggrund jedoch niemals in einem Geist der Verurteilung oder der gegenseitigen Beschuldigung; sie geschieht stets aus Liebe und Barmherzigkeit und entspringt einer aufrichtigen Sorge um das Wohl der Brüder und Schwestern. Der Apostel Paulus sagt: „Wenn einer sich zu einer Verfehlung hinreißen lässt, meine Brüder, so sollt ihr, die ihr vom Geist erfüllt seid, ihn im Geist der Sanftmut wieder auf den rechten Weg bringen. Doch gib acht, dass du nicht selbst in Versuchung gerätst" (Gal 6,1).

In unserer vom Individualismus durchdrungenen Welt ist es notwendig, die Bedeutung der brüderlichen Zurechtweisung wiederzuentdecken, um gemeinsam den Weg zur Heiligkeit zu beschreiten. Selbst „der Gerechte fällt siebenmal" (Spr 24,16), heißt es in der Heiligen Schrift, und wir alle sind schwach und unvollkommen (vgl. 1 Joh 1,8). Es ist also ein großer Dienst, anderen zu helfen und sich helfen zu lassen, zu aufrichtiger Selbsterkenntnis zu gelangen, um das eigene Leben zu bessern und rechtschaffener den Weg des Herrn zu verfolgen. Es bedarf immer eines liebenden und berichtigenden Blickes, der erkennt und anerkennt, der unterscheidet und vergibt (vgl. Lk 22,61), wie es Gott mit jedem von uns getan hat und tut.

2. „Einander": das Geschenk der Gegenseitigkeit

[…] Eine Gesellschaft wie die gegenwärtige kann taub werden, sowohl für das körperliche Leid als auch für die geistlichen und moralischen Bedürfnisse des Lebens. Das darf unter Christen nicht geschehen! Der Apostel Paulus fordert dazu auf, nach dem zu streben, was „zum Frieden und zur gegenseitigen Erbauung beiträgt" (vgl. Röm 14,19), um dem Nächsten Gutes zu tun und ihn aufzubauen (vgl. Röm 15,2), ohne den persönlichen Nutzen zu suchen, sondern „den Nutzen

aller, damit sie gerettet werden" (1 Kor 10,33). Dieses gegenseitige Zurechtweisen und Ermahnen, von Demut und Nächstenliebe getragen, darf im Leben der christlichen Gemeinde nicht fehlen.

Die mit Christus durch die Eucharistie vereinten Jünger des Herrn leben in einer Gemeinschaft, die sie als Glieder eines einzigen Leibes aneinander bindet. Dies bedeutet, dass der andere zu mir gehört; sein Leben, sein Heil betreffen mein Leben und mein Heil. Hier berühren wir einen besonders tiefgreifenden Aspekt der Gemeinschaft: Unser Leben steht in einer wechselseitigen Beziehung zu dem der anderen, im Guten wie im Bösen; sowohl die Sünde als auch die Liebeswerke haben auch eine gesellschaftliche Dimension. In der Kirche, dem mystischen Leib Christi, nimmt diese Wechselseitigkeit Gestalt an: Die Gemeinde tut unaufhörlich Buße und bittet für die Sünden ihrer Mitglieder um Vergebung; doch sie freut sich auch immer von neuem und jubelt über die Zeugnisse der Tugend und der Liebe, die sich in ihr entfalten. Mögen „alle Glieder einträchtig füreinander sorgen" (1 Kor 12,25), ermahnt der heilige Paulus, da wir ein einziger Leib sind. Die Liebe zu unseren Brüdern und Schwestern, die auch im Almosengeben […] ihren Ausdruck findet, gründet in dieser gemeinsamen Zugehörigkeit. Auch in der konkreten Sorge für die Ärmsten kann jeder Christ seine Teilhabe an dem einen Leib, der Kirche, ausdrücken. Aufeinander achten bedeutet auch, das Gute zu erkennen, dass der Herr in den anderen wirkt, und gemeinsam mit ihnen für die Wunder der Gnade zu danken, die Gott in seiner Güte und Allmacht unentwegt an seinen Kindern vollbringt. Erkennt ein Christ das Wirken des Heiligen Geistes im Mitmenschen, so kann er nicht umhin, Freude darüber zu empfinden und den himmlischen Vater dafür zu preisen (vgl. Mt 5,16).

3. „Uns gegenseitig zur Liebe und zu guten Taten anspornen": gemeinsam den Weg der Heiligkeit beschreiten

[...] Das Aufeinander-Achten soll auch bewirken, dass wir uns gegenseitig zu immer größerer wirklicher Lie-

be anspornen – „wie das Licht am Morgen; es wird immer heller bis zum vollen Tag" (Spr 4,18) –, in der Erwartung, jenen Tag, an dem die Sonne nicht untergehen wird, in Gott zu leben. Die uns geschenkte Lebenszeit gibt uns die kostbare Gelegenheit, die guten Werke zu entdecken und zu vollbringen, beseelt von der Liebe zu Gott. So wächst und entfaltet sich die Kirche selbst, um zur vollendeten Gestalt Christi zu gelangen (vgl. Eph 4,13). Auf der Linie dieser dynamischen Perspektive eines Wachstums liegt auch unsere Aufforderung, uns gegenseitig anzuspornen, um zur Fülle der Liebe und der guten Taten zu gelangen.

Leider ist da stets die Versuchung der Lauheit, die Versuchung, den Geist zu ersticken und sich zu weigern, „mit den Talenten zu wirtschaften", die uns zu unserem Wohl und dem der anderen geschenkt sind (vgl. Mt 25,25 ff.). Wir alle wurden mit reichen geistigen oder materiellen Gaben ausgestattet, die für die Erfüllung des göttlichen Plans, für das Wohl der Kirche und für das persönliche Heil nützlich sind (vgl. Lk 12,21b; 1 Tim 6,18). […]

Lasst uns der immer aktuellen Aufforderung nachkommen, nach dem „hohen Maßstab des christlichen Lebens" zu streben (Johannes Paul II., Apostolisches Schreiben Novo millennio ineunte [6. Januar 2001],

Nr. 31). Wenn die Kirche in ihrer Weisheit die Seligkeit und die Heiligkeit einiger vorbildlicher Christen anerkennt und verkündet, möchte sie dadurch auch den Wunsch wecken, deren Tugenden nachzuahmen. Der heilige Paulus ermahnt uns: „Übertrefft euch in gegenseitiger Achtung!" (Röm 12,10). […]

Papst Benedikt XVI.

„Geht und macht alle Völker zu meinen Jüngern"
Vgl. Mt 28,19

[...] Jesus hat nicht gesagt: Wenn ihr wollt, wenn ihr Zeit habt, dann geht, sondern er hat gesagt: „Geht und macht alle Völker zu meinen Jüngern." Die Glaubenserfahrung zu teilen, den Glauben zu bezeugen, das Evangelium zu verkünden ist ein Auftrag, den der Herr der gesamten Kirche überträgt, auch dir; es ist ein Befehl, der jedoch nicht aus dem Willen zu herrschen, nicht aus dem Willen zur Macht entspringt, sondern aus der Kraft der Liebe, aus der Tatsache, dass Jesus als erster in unsere Mitte gekommen ist und uns nicht nur etwas von sich gegeben hat, sondern ganz sich selbst gab. Er hat sein Leben hingegeben, um uns zu retten und uns die Liebe und die Barmherzigkeit Gottes zu zeigen. Jesus behandelt uns nicht wie Sklaven sondern wie freie Menschen, wie Freunde, wie Brüder und Schwestern. Und er sendet uns nicht nur, sondern er begleitet uns, ist in dieser Mission der Liebe immer an unserer Seite.

Wohin sendet Jesus uns? Da gibt es keine Grenzen, keine Beschränkungen: Er sendet uns zu allen. Das Evangelium ist für alle und nicht für einige. Es ist nicht nur für die, die uns näher, aufnahmefähiger, empfänglicher erscheinen. Es ist für alle. Fürchtet euch nicht, hinzugehen und Christus in jedes Milieu hineinzutragen, bis in die existenziellen Randgebiete, auch zu denen, die am fernsten, am gleichgültigsten erscheinen. Der Herr sucht alle, er will, dass alle die Wärme seiner Barmherzigkeit und seiner Liebe spüren. […]

Jemand könnte denken: „Ich habe keinerlei spezielle Vorkenntnisse, wie kann ich gehen und das Evangelium verkünden?" Lieber Freund, deine Angst unterscheidet sich kaum von der des Jeremia – von der wir gerade in der Lesung gehört haben –, als er von Gott zum Propheten berufen wurde. „Ach, mein Gott und

Herr, ich kann doch nicht reden, ich bin ja noch so jung." Und Gott sagt auch zu euch, was er dem Jeremia geantwortet hat: „Fürchte dich nicht … denn ich bin mit dir, um dich zu retten" (Jer 1,6.8). Er ist mit uns!

„Fürchte dich nicht!" Wenn wir gehen, um Christus zu verkünden, ist er selbst es, der uns vorangeht und uns führt. Als er seine Jünger zur Mission sandte, hat er versprochen: „Ich bin bei euch alle Tage" (Mt 28,20). Und das gilt auch für uns! Jesus lässt niemals und niemand allein! Er begleitet uns immer.

Jesus hat außerdem nicht gesagt: „Geh!", sondern: „Geht!" – wir sind gemeinsam gesandt. […] Wenn wir die Herausforderungen gemeinsam angehen, dann sind wir stark, dann entdecken wir Reserven, deren wir uns nicht bewusst waren. Jesus hat die Apostel nicht berufen, auf dass sie auszögen, um isoliert zu leben; er hat sie berufen, eine Gruppe, eine Gemeinschaft zu bilden. […]

Das letzte Wort: um zu dienen. […] Der heilige Paulus sagte […]: „Ich habe mich für alle zum Sklaven gemacht, um möglichst viele zu gewinnen" (1 Kor 9,19). Um Jesus zu verkünden, hat Paulus sich „für alle zum Sklaven" gemacht. Evangelisieren bedeutet, persönlich die Liebe Gottes zu bezeugen, unsere Egoismen zu überwinden, zu dienen, indem wir uns beugen, um unseren Brüdern die Füße zu waschen, wie Jesus es getan hat.

Drei Worte: Geht, ohne Furcht, um zu dienen. [...] Wenn ihr diese drei Worte befolgt, werdet ihr erfahren: Wer evangelisiert, wird selbst evangelisiert und wer die Glaubensfreude weitergibt, empfängt mehr Freude [...] Fürchtet euch nicht, mit Christus großherzig zu sein und sein Evangelium zu bezeugen. [...] Das Evangelium bringen heißt die Kraft Gottes bringen, um das Böse und die Gewalt auszureißen und niederzureißen, um die Barrieren des Egoismus, der Intoleranz und des Hasses zu vernichten und einzureißen, um eine neue Welt aufzubauen. [...] Jesus Christus rechnet mit euch! Die Kirche rechnet mit euch! Der Papst rechnet mit euch! Maria, die Mutter Jesu und unsere Mutter, möge euch stets mit ihrer zärtlichen Liebe begleiten: „Geht und macht alle Völker zu meinen Jüngern!"

Papst Franziskus

Quellennachweis

Texte:
Pater Karl Wallner: Die brüderliche Zurechtweisung (Correctio fraterna),
Vortrag für Radio Horeb,18.01.1999 © Alle Rechte beim Autor
S. 60: Pater Karl Wallner, Barmherzigkeit und Sühne, Pater Karl Wallner in
einem Interview mit der Zeitschrift „Kirche heute" (Altötting), veröffentlicht
in der Ausgabe Nr. 11/November 2015
S. 61: Papst Franziskus, Auszug aus der Botschaft zur Fastenzeit 2016 ©
Libreria Editrice Vaticana, Città del Vaticano
S. 62-63: Papst Benedikt XVI., Auszug aus der Meditation zur Eröffnung der
XI. Ordentlichen Generalversammlung der Bischofssynode am 03.10.2005
© Libreria Editrice Vaticana, Città del Vaticano
S. 67-75: Papst Benedikt XVI., Auszug aus der Botschaft zur Fastenzeit 2012
© Libreria Editrice Vaticana, Città del Vaticano
S. 76-79: Papst Franziskus, Auszug aus der Predigt im Rahmen der
Abschlussmesse des XXVIII. Weltjugendtages in Rio de Janeiro am 28. Juli
2013 © Libreria Editrice Vaticana, Città del Vaticano

Alle Bibeltexte:
Einheitsübersetzung der Heiligen Schrift © 1980 Katholische Bibelanstalt,
Stuttgart

Bilder:
Cover: © Andresr/Shutterstock.de; S. 6/7: © ImageFlow/Shutterstock.
de; S. 9: © schinsilord/Fotolia.de; S. 12/13: © Africa Studio/Fotolia.de;
S. 17: © schinsilord/Fotolia.de; S. 18: © Thomas Reimer/Fotolia.de; S.
20/21: © puckillustrations/Fotolia.de; S. 25: © Markus MainkaL/Fotolia.
de; S. 29: © schinsilord/Fotolia.de; S. 31: © Tyler Olsen/Shutterstock.de; S.
34/35: © gustavofrazao/Fotolia.de; S. 39: © elena moiseeva/Shutterstock.
de; S. 40: © schinsilord/Fotolia.de; S. 43: slonme/Shutterstock.de; S.
46: © czekma1313/ Fotolia.de; S. 51: © schinsilord/Fotolia.de; S. 55: ©
Matthias Buehner/Fotolia.de; S. 56/57: © dodes11/Fotolia.de; S. 58/59:
© Fat Jackey/Shutterstock.de; S. 63: © schinsilord/Fotolia.de; S. 64/65: ©
BlueOrange Studio/Shutterstock.de; S. 68: © schinsilord/Fotolia.de; S. 71:
Pavel L Photo and Video/Shutterstock.de; S. 73: © schinsilord/Fotolia.de; S.
77: © nilosz Aniol/Shutterstock.de